ELFRINGHAUSER SCHWEIZ
FOTOS ULI AUFFERMANN **LAYOUT** TIM TEWES
LANDSCHAFT ZUM WOHLFÜHLEN
© SEMANN VERLAG | BOCHUM 1. AUFLAGE 2009

> Ja, ich bin glücklich in der Elfringhauser Schweiz! Mehr muss ich eigentlich nie antworten, wenn ich gefragt werde, warum ich dieses Fleckchen Erde so mag. Es ist eine lange, weit zurückreichende Liebe. In ganz jungen Jahren kam ich zum ersten Mal mit dem Fahrrad von Bochum aus in die Elfringhauser Schweiz. Ich war wie berauscht von dem Anblick, hatte keine Ahnung, dass meine Heimat so schöne Seiten hat. Der Kontrast zu meinem Wohnviertel, das sich unmittelbar gegenüber einer riesigen Zechen- und Kokereianlage befand, war so gewaltig wie bei meinen Urlaubsfahrten in die Alpen. Vor allem aber auch deshalb fühle ich mich in der Elfringhauser Schweiz so wohl, weil sich in der wunderschönen Waldhügellandschaft zwei Wurzeln meines Daseins zu einer Symbiose vereinigen. Die Liebe zur Natur und die tiefe Verbundenheit mit dem Bergbau, der hier in der Region seinen Ursprung hat!

Nun sind seit meiner ersten Begegnung mit der Elfringhauser Schweiz viele Jahre ins Land gegangen - aber ich darf sagen: Der Wunsch, mich dort aufzuhalten, wird immer stärker. Wie genieße ich den Wechsel der Jahreszeiten, der dort besonders intensiv ausfällt. Wie sehr genieße ich die Stille, die durch das Rauschen des Windes und das Plätschern der Bäche regelrecht hörbar wird!

Darf ich Sie einladen, mir zu folgen? Erinnern Sie sich mit mir bei den folgenden Bildern an unsere Elfringhauser Schweiz oder werden Sie neugierig, diese einzigartige Landschaft auch für sich zu entdecken! <

Herzlichst, Ihr Uli Auffermann

FRÜHLING

> April. In der Nacht zum Ostermontag hat es geschneit. Vom Restaurant Waldhof aus steige ich hinauf zum Immelberg. Gleißendes Weiß umgibt mich auf dem höchsten Punkt. Ich setze mich auf eine Bank, genieße die warme Frühjahrssonne. Kein Lüftchen geht, überall tropft es, fließt es. Ich muss die Jacke ausziehen, die Ärmel hochkrempeln - Luft und Licht an die Haut lassen! Es ist zu spüren, das war das letzte Aufflammen des Winters. Aber die Jahreszeiten kämpfen nicht miteinander, vielmehr vereinigen sie beim Wechsel ihre schönsten Seiten. Das Weiß des Schnees vor tiefblauem Himmel, glitzernde Eiszapfen, die unter der Kraft der Sonne schnell vergehen und deren klare Wasser sich mit den vielen plätschernden Rinnsalen alsbald zu kleinen Bächen vereinen. Fast wehmütig stapfe ich durch den schweren, nassen Schnee vom Immelberg herab zurück zum Waldhof, verlasse den Winter und tauche ein in den Frühling. Und wie mich dieser empfängt! Längst ist in der Zwischenzeit die steile Weide über dem Gasthof grün, all überall spitzen Krokusse und Osterglocken hervor. Fast sommerlich erscheint jetzt die Temperatur. Von der Terrasse des Waldhofs aus genieße ich die Blumenarrangements in den Kästen. Bei einem Kännchen Kaffee ist klar - ich bin voll und ganz im Lenz angekommen! <

> Der letzte Schneefall im April - Auf dem Holze <

> Vorfrühling auf dem Höhenweg <

> Richtung Köllershof und Bergerhof <

> Jetzt kommt der Frühling - am Waldhof <

> Am Böhnkesweg bei Wünner Hof und Böhnkeshof <

> Am Rommelsweg bei Langenberg <

> Am Böhnkesweg Richtung Felderbach <

> Maibaum am Kulturzentrum an der Felderbachstraße <

> Kahlschläge nach Orkan Kyrill - Auf dem Holze <

> Niederelfringhausen - Blick über das Felderbachtal <

> Beim Aufstieg vom Immelberg hinüber zum Berger Weg <

> Auf dem Panoramaweg (Anderl-Heckmair-Weg) am Restaurant Waldhof <

> Wunderschöner Wanderweg bei Hof Fahrentrappe <

> Obsthof im Deilbachtal <

> Das Balkhauser Tal - in der benachbarten Winzermark <

> Huxel im Felderbachtal <

> Obstbaumblüte - Zur Fahrentrappe im oberen Felderbachtal <

> Frühlingsidylle - Blick vom Winterberg <

> Frühlingsimpressionen am Dunkerweg <

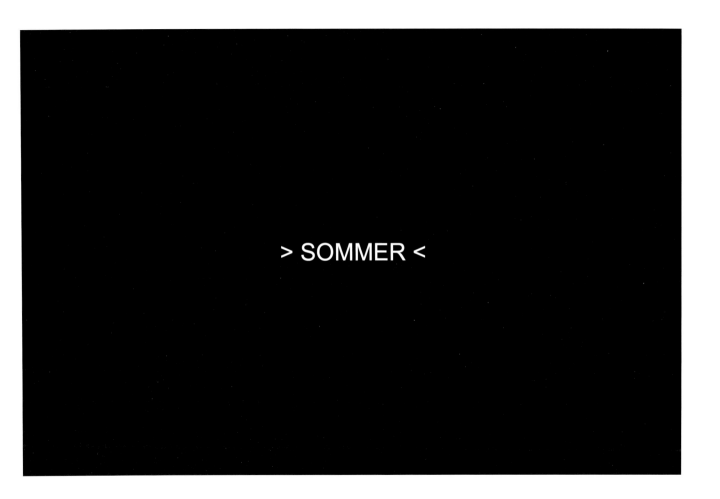

SOMMER

> Glitzernd schlängelt sich der Felderbach durch sein Bett. Nicht nur der niedrige Wasserstand zeigt an, dass es lange nicht mehr geregnet hat, sondern auch die mächtigen Staubfahnen hinter den Landmaschinen der Bauern, die auf den Hängen das Heu wenden. Heiß ist es, und der Gang hinauf durch den steilen Wald gleichermaßen anstrengend wie Schatten spendend. Die Hitze flimmert über den Feldern und Weiden, füllt den ganzen Talkessel aus. Dennoch wirkt die Luft frisch - ganz anders als eben noch in der Großstadt. Im Halbschatten einer mächtigen Buche lege ich mich ins Gras, lasse den Blick schweifen. Man mag nicht glauben, so nahe der urbanen Ballungsräume in der Elfringhauser Schweiz zu sein, Erinnerungen an die Eifel, an süddeutsche Regionen kommen auf - dicht bewaldete Hänge soweit das Auge reicht, ein Meer aus Grüntönen, das sich vor dem wolkenlosen Himmel abhebt. Welch eine Fülle der Natur. Ich möchte jetzt an keinem anderen Ort sein. Erst als die Sonne schon tief steht, mache ich mich wieder auf, strebe dem Biergarten zu, dessen bunte Schirme und Tischdecken ich schon von weitem ausmachen kann. Und obwohl der Durst alsbald gelöscht ist, bleibe ich bis zum letzten Licht, bis dieser wunderbare Sommertag zur Neige geht. <

> Am Sträßchen Zur Fahrentrappe <

> Im Deilbachtal nahe der Deilbachmühle <

> Im Deilbachtal <

> Die Pferde fühlen sich auf den Weiden beim Waldhof wohl <

> Ländliches Idyll - am Deilbachtal <

> An der Felderbachstraße bei Oberelfringhausen <

> Im Deilbachtal <

> Bäuerliche Fluren im südlichen Oberelfringhausen <

> Auf dem Holze - Am Anderl-Heckmair-Weg <

> Und immer wieder glückliche Kühe <

> Idyllische Höfe von Oberelfringhausen <

> Vom Deilbachtal hinauf zum Höhenweg <

> Traditionen werden gepflegt: Alte Kornbrennerei Hegemann <

> Auf dem Höhenweg bei Niederelfringhausen <

> Blick vom Höhenweg <

> Im Deilbachtal <

> An der Oberstüterstraße <

> Restaurant Behmenburg an der Felderbachstraße <

> Wo sich Felderbachtal und Porbecker Tal vereinen <

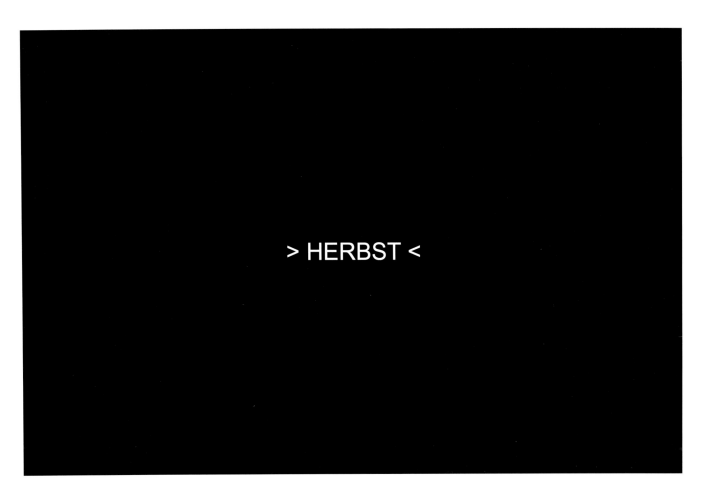

HERBST

> Jedes Jahr bin ich aufs Neue überrascht von dem Moment, wo sich mir der Herbst in seiner ganzen Vielfalt zeigt. Zunächst sind es noch die warmen Spätsommertage, die mich auf Lichtungen und Bänken, an Hauswänden und geschützten Mauernischen die letzten kraftvollen Sonnenstrahlen aufnehmen lassen. Man ist geneigt zu wünschen, so könnte es ewig weitergehen. Ganz allmählich aber wird das Gras, der Boden nicht mehr richtig trocken, selbst wenn schon länger der Regen ausblieb. Dann plötzlich die erste kalte Nacht, die ersten Frühnebel, die sich nicht mehr so bereitwillig auflösen wollen. Ich durchstreife dann alle Winkel der Elfringhauser Schweiz, wo sich Bäume und Sträucher an Farbenspiel gegenseitig überbieten wollen. Die Luft ist nun so einzigartig frisch geworden, eingelagerte Geruchsinseln der ersten Kaminfeuer kündigen die kühlen Abende und Nächte an. Auch ich freue mich auf das Einschüren des Holzofens und auf einen heißen Kaffee, während ein aufspringender Wind beginnt, die Blätter von den Bäumen zu wirbeln! <

> Blick vom Juttermannsberg <

> Im Felderbachtal bei Huxel <

> Blick auf den Immelberg <

> Niederhuxelmanns Busch <

> Am Reitwegbach bei Velbert <

> Idyllisch gelegen: Haus Flasdiek am Marckenbusch <

> Im Marckenbusch <

> Auf dem Juttermannsberg <

> Im Tal der Porbecke <

> Waldhof und Porbecker Tal im Abendlicht <

> Blick vom Eberg ins Felderbachtal <

> Herrlicher Ausblick oberhalb des Schanzerwegs <

> Blick vom Laakerweg auf die bewaldeten Hänge über dem Felderbachtal <

> Letzte Aufräumarbeiten nach dem Orkan Kyrill: Auf dem Holze <

> Landschaft zum Wohlfühlen - Blick auf Eberg und Oberhuxelmanns Busch <

> Raureif auf dem Weg hinauf zum Bergerhof <

> Blick ins mittlere Felderbachtal <

> Novembernebel im Kreiswald <

> Oberes Felderbachtal - am Kreßsieper Weg <

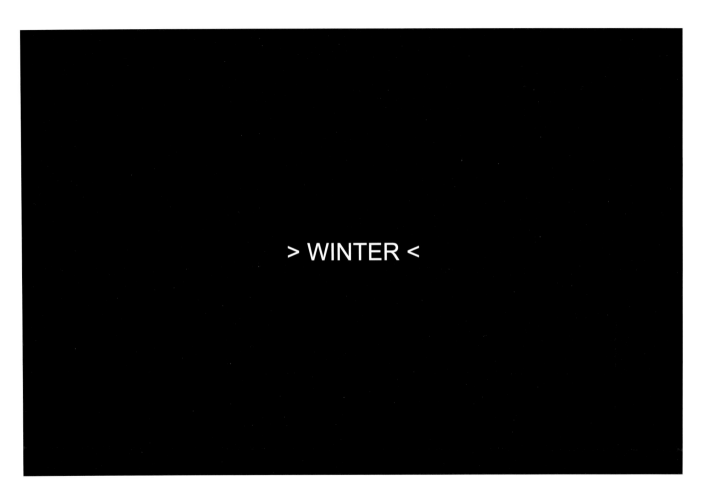

WINTER

> „Schneefall oberhalb 200 m", meldet der Wetterbericht aus dem Autoradio. Diese oft so magische Marke für das weiße Element erreichen die höchsten Erhebungen der Elfringhauser Schweiz bei weitem: der Immelberg, der Juttermannsberg, der Winterberg. Sollte ich Glück haben, und ihre Gipfelkuppen sind schneebedeckt? Bewusst fahre ich über Hattingen hinauf durchs Wodantal. Zunächst eine diesignebige Suppe, braungraue Landschaft. Dann plötzlich mischen sich Schneeflocken unter den Nieselregen - die ersten weißen Straßenränder markieren die Null-Grad-Grenze. Dann tauche ich wie in Watte ein. Mindestens zehn Zentimeter Schnee sind liegen geblieben. Am Bergerhof stelle ich den Wagen ab, laufe aufgeregt wie ein Kind hinauf zum Kamm des Juttermannsberges, noch ein paar Schritte, und mich nimmt eine lautlose Winterlandschaft auf. Der Schnee drückt sich dumpf unter den Schuhen zusammen, alles wirkt weich, wirkt sanft. Dann reißt die Wolkendecke auf, gleißend bricht die Sonne hervor, das Licht überflutet die Augen. Innehalten und hinüber ins obere Felderbachtal geblinzelt. Was für ein Anblick. Tief unter mir die Weiden grün, darüber die Hänge angezuckert, heben sich ab wie marmoriert. Ganz oben aber alles tief verschneit. Eine Landschaft wie von Künstlerhand verzaubert mich. <

> Januartag am Berger Weg <

> Am Berger Weg <

> Blick vom Winterberg <

> Auf dem Winterberg <

> Wandern im Winter - ein Genuss; Berger Weg <

> Bei Laaker Mühle <

> Am Höhenweg <

> Schneeimpressionen - am Berger Weg <

> Verzauberte Landschaft beim Bergerhof <

> „Op dä Höh" <

> Ausblick vom Restaurant Bärwinkel <

> Im Espetal <

> Im Kreßsiepen mit Blick zur Fahrentrappe <

> Winterspaß beim Landhaus Siebe <

> Es gibt sogar einen kleinen Skilift <

> Winteridyll - Am Stuten <

> Im Tal der Espe <

> Wintertraum im Felderbachtal <

> Ausblicke am Winterberg <

Café/Restaurant Waldhof

Das Anwesen in einzigartig schöner Lage inmitten der Elfringhauser Schweiz. Gemütliche Ferienwohnungen und eigene Wanderwege.

Elfringhauser Str. 155
45529 Hattingen

Tel.: 02324 / 27958
Fax: 02324 / 570517
täglich ab 11.30 Uhr
Montag bis 18.00 Uhr
Donnerstag Ruhetag

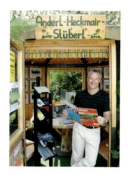

Anderl-Heckmair-Stüberl

(Am Café/Restaurant Waldhof) Treffpunkt für Wanderer und Naturfreunde. Startpunkt des Anderl-Heckmair-Gedächtnisweges.

In Erinnerung an den großen Alpinisten und Erstbegeher der Eiger-Nordwand, Anderl Heckmair, der mit Freund Uli Auffermann am Waldhof weilte.

Restaurant Am Bismarckturm

Unsere Spezialität aus dem Bergischen Land - den „Pillekuchen" - können Sie bei uns in verschiedenen Varianten kennen lernen.

Hordtstr. 18
42555 Velbert-Langenberg

Tel.: 02052 / 5143
www.bismarckturm-langenberg.de
Mittwoch bis Sonntag ab 12.00 Uhr, durchgehende Küche
Montag u. Dienstag Ruhetag

Hotel/Restaurant Windrather Hof

Eine gute Adresse für alle Anlässe. Wir heißen Sie herzlich willkommen in unserem familiär geführten Haus nahe der schönen Elfringhauser Schweiz.

Nordrather Str. 72
42553 Velbert

Tel.: 02053 / 2245
Fax: 02053 / 923810

täglich 11.00 bis 23.00 Uhr, Küche durchgehend / Mo. u. Do. Ruhetag

Schmahl am Schmalen Café/Restaurant

Lassen Sie sich verwöhnen von unserer Küche und genießen Sie die Atmosphäre z. B. in unserem urigen Kaminzimmer.

Deilbachstr. 137
42533 Velbert

Tel.: 02052 / 2184
Fax: 02052 / 2181
www.schmahl-am-schmalen.de
täglich ab 11.30 Uhr
Donnerstag Ruhetag

Landhaus Wegermann

Das Bio-Landhaus im Wodantal. Wir sind das erste Bioland zertifizierte Restaurant der Region.

Wodantal 62
45529 Hattingen

Tel.: 02324 / 395010
Fax: 02324 / 395011
www.landhaus-wegermann.de
täglich ab 11.00 Uhr
Küche von 12.00 bis 14.00 u. 18.00 bis 22.00 Uhr
Mittwoch Ruhetag

Landgasthof Im Holland

... komm, wir fahr'n „Im Holland"! Idyllisch gelegen - in der Nähe vom Rad- und Wanderweg.

Schevener Str.24
45549
Sprockhövel-Haßlinghausen

Tel.: 02339 / 127333
Fax: 02339 / 127334
www.imholland.de
täglich 11.00 bis 21.00 Uhr, warme Küche durchgehend
Dienstag Ruhetag

Café/Restaurant Haus Bärwinkel

Das Ausflugsrestaurant im Herzen der Elfringhauser Schweiz

Höhenweg 38
45529 Hattingen

Tel.: 02052 / 2156
Fax: 02052 / 3775
www.hausbaerwinkel.de

Mittwoch bis Sonntag durchgehend ab 11.00 Uhr
Montag u. Dienstag Ruhetag

Hotel/Restaurant Am Schlagbaum

Das familienfreundliche Hotel-Restaurant am Rande der Elfringhauser Schweiz

Haßlinghauser Str.65
45549 Sprockhövel

Tel.: 02324 / 77388
Fax: 02324 / 77543
Mittwoch bis Freitag von 11.00 bis 14.00 u. ab 17.00 Uhr (Oktober bis März ab 17.00 Uhr)
Samstag u. Sonntag ab 11.00 Uhr
Montag u. Dienstag Ruhetag